# L'ART

## DE

# SE FAIRE PAYER

## DE SES DÉBITEURS

IMPRIMERIE DE A. HENRY, RUE GIT-LE-COEUR, 8.

# L'ART

## DE

# SE FAIRE PAYER

## DE SES DÉBITEURS

### PAR ALPHONSE TRONCHIN

**Employé supérieur des Douanes de la Guadeloupe**

PETIT-FILS DU DOCTEUR TRONCHIN

Vigilantibus non dormientibus jura succurrunt.

C'est à celui qui veille et non à celui qui dort que les droits profitent.

# PARIS

## MARTINON, LIBRAIRE-ÉDITEUR

4, rue du Coq-Saint-Honoré

—

1844

# AUX HABITANTS

## DE

# LA GUADELOUPE.

C'est dans les colonies, que l'on ose traiter en Europe de terre d'exil, et qui, pour tant d'Européens, ont été et sont encore une terre promise ; c'est sous votre ciel éclatant, sous votre ciel toujours bleu qui forme un contraste si frappant avec le ciel gris et nébuleux des bords de la Seine où règne une verdure perpétuelle, où, en janvier comme en juillet, on circule en habit d'été ; c'est en me promenant dans les environs de la ville de la Basse-Terre, dont le paysage grandiose, dont le paysage éminemment colonial m'a toujours charmé, que j'ai composé *l'Art de se faire payer de ses débiteurs*. Si, par hasard, quelque trait plaisant, quelque trait fin ou délicat s'y faisaient remarquer, c'est à vous que je les devrais ; c'est dans votre société, dans votre conversation que je les aurais puisés ; c'est vous qui me les auriez inspirés. Ne sait-on pas que la finesse et la délicatesse d'esprit, ainsi que la gaîté de caractère, sont vos traits distinctifs ? Permettez-moi de vous dédier un ouvrage dont le titre semble ne rien promettre de sérieux, mais qui renferme peut-être quelques vérités utiles. Vous accueillerez, d'ailleurs, avec bonté, une dédicace qu'ont dictée à la fois le cœur et la reconnaissance.

# INTRODUCTION.

On se faisait autrefois un jeu de devoir ; que dis-je ? il fallait devoir pour être à la mode. Dans la classe privilégiée, le degré de considération se mesurait, en quelque sorte, sur le chiffre des dettes. « Marquis, disait un débiteur fameux, tu fais courir le bruit que je ne dois que cent mille écus ; tu me calomnies : j'en dois trois cent mille. » C'était peu de se glorifier de ses dettes, on tournait encore en ridicule ses créanciers : il était plus commode de les railler que de les payer. Les débiteurs ne tarissaient pas sur leur compte ; et, chose étrange! chacun applaudissait aux plaisanteries, aux mystifications dont ils étaient l'objet. Les auteurs comiques ne les produisaient sur la scène que pour les livrer à la risée publique. Il semblait que les créanciers fussent des hommes d'une espèce particulière. On se faisait un monstre de cette classe, et peu s'en fallait que l'imagination ne se les représentât avec des griffes. Un huissier était un être abject ; et si l'on mettait les créanciers à la porte , pour eux la fenêtre servait d'escalier. Les usuriers qui forçaient de prendre, pour argent comptant, de vieux tableaux, des tapisseries représentant les amours du roi Léar, et des crocodiles empaillés, avaient singulièrement contribué à cette disposition des esprits. L'immoralité feignant adroitement, pour donner le change, de confondre avec eux les créanciers honnêtes, avait répandu sur les créanciers en général de l'odieux et surtout du ridicule, chez une nation qui riait de tout. Ce préjugé s'est dissipé avec tant d'autres. On distingue aujourd'hui parfaitement les créanciers honnêtes des usuriers ; et l'on ne trouve même rien d'honorable à devoir à ces derniers. L'esprit d'ordre, inséparable de la morale, s'est insensiblement introduit avec elle dans tous les rangs de la société, et il y règne plus que jamais. Nous vivons sous un prince ami de cette sage économie qui n'exclut point la grandeur, et dont la vie

offre des exemples qui ont imprimé à la jeunesse l'esprit de sagesse qui la distingue. On a compris, d'ailleurs, que le siècle des libertés publiques devait être
celui de l'indépendance de caractère ; et de quelle indépendance de caractère peut-on jouir, lorsque l'on
doit à tout le monde ? Aussi, la nation ne choisit-elle
plus, pour ses mandataires, des candidats endettés.
De son côté, le Gouvernement les repousse des hauts
emplois. Des poursuites judiciaires arrêtent l'avancement d'un fonctionnaire ; une saisie pratiquée chez
lui entraîne sa destitution. Mais l'ambition, soit dans
la carrière politique, soit dans la carrière administrative, n'est pas le seul mobile d'ordre et d'économie :
on a l'esprit national, on tient à sa qualité d'électeur,
et, par suite, à conserver son cens ; enfin, l'on fait
son budget, et l'on a la vertu d'y tenir. Sans doute,
pour perpétuer la classe des débiteurs, il y aura toujours des hommes de mauvaise foi ; il y aura toujours,
quoi qu'en disent ceux qui rêvent les mœurs des premiers temps de la République romaine, une foule de
gens de tous les états que l'amour du luxe et des plai-
sirs entraînera trop loin ; il y aura toujours des spé-
culateurs ignorants, apathiques ou téméraires. L'on a
dû, l'on doit, et l'on devra toujours ; et, sans cela, de

quelle utilité serait l'art de se faire payer ? Mais le
nombre des personnes rangées est infiniment plus
considérable que jamais; ensuite, ceux qui doivent
ne s'en vantent plus. Le règne des débiteurs est fini.
La forfanterie du vice est passée de mode. On ne pourrait plus souffrir ces hommes qui n'empruntaient leur
esprit que du désordre de leurs affaires; leur appari-
tion serait un anachronisme; et à ceux qui viendraient
reproduire ces plaisanteries surannées, que les dettes
prouvent du crédit; que nos créanciers sont autant
d'amis dont rien n'égale la sollicitude, et qu'il faut
conserver; on répondrait froidement que les dettes ne
prouvent souvent que de la crédulité, et que cette tendre sollicitude des créanciers pour les débiteurs va
aussi quelquefois jusqu'à les alléger du poids de la
gestion de leurs affaires, et même jusqu'à payer les
frais de leur logement et de leur nourriture. Un huissier, un garde du commerce ne sont plus, aux yeux
de tous, que des agents d'exécution dont l'existence
est un des éléments de l'ordre social. Qu'un huissier
est beau, qu'il est théâtral, lorsque, dans une saisie-
exécution, choisissant l'instant d'un repas splendide,
il vient frapper la mauvaise foi et l'insolence au sein
du luxe! Qu'un garde du commerce me paraît grand,

lorsque je le vois faisant franchir le seuil de la porte de l'hôtel Clichy à celui qui, la veille, éclaboussait ses créanciers avec leur argent! En un mot, s'il était digne de la Restauration, qui voulut en tout renchérir sur le passé, de produire *l'Art de promener ses créanciers*, écrit qui parut en 1824, *l'Art de se faire payer de ses débiteurs* devait appartenir à notre génération, qui n'envisage plus les choses que sous leur point de vue sérieux, sous leur point de vue moral, et qui rirait bien plus (si toutefois il était dans son caractère de rire) aux dépens des débiteurs de mauvaise foi forcés de s'exécuter, que des malheureux créanciers que l'on promène. Oui, ces deux titres contribuent à distinguer les deux époques. L'un est tout-à-fait aristocratique, l'autre éminemment démocratique.

L'art de se faire payer de ses débiteurs! quel sujet populaire! Il n'est presque personne qui ne doive ou à qui il ne soit dû, et la société ne se compose, pour ainsi dire, que de débiteurs et de créanciers qui s'agitent en tous sens et de toutes les manières, les uns pour satisfaire à temps à leurs engagements, s'y soustraire, ou obtenir du répit; les autres, pour réaliser le montant de ce qui leur est dû.

L'histoire des débiteurs et des créanciers offre un des côtés les plus piquants de la vie humaine.

Loin de moi ces misérables qui spéculent sur le vice et sur le malheur ! loin de moi ces vils usuriers, car il en existe toujours, avec cette seule différence que, de nos jours, ils s'intitulent capitalistes, et qu'au lieu de vieux tableaux, de crocodiles empaillés, ils donnent des souricières, des briquets phosphoriques et autres objets d'un siècle industriel ! Loin de moi ces créanciers barbares qui font incarcérer les femmes et les vieillards qui n'ont pas atteint leur soixante-dixième année ; qui font traîner en prison un débiteur malade et alité ! Ils n'ont de leçons à recevoir, les uns, que des tribunaux, lorsque leur usure sera constatée ; les autres, que de leurs débiteurs, quand ces derniers ne les paieront pas.

# PREMIÈRE PARTIE.

---

## Des voies judiciaires.

# TITRE PREMIER.

## CODE CIVIL.

—

## I

**De l'effet des conventions à l'égard des tiers.**

Rien n'est plus préjudiciable aux créanciers que la facilité avec laquelle on met ses biens à couvert. On fait des ventes simulées. On fait des acquisitions sous le nom d'autrui. Il suffit même d'obtenir quittance sous un nom emprunté, du propriétaire, du marchand de chevaux, du carrossier, pour mettre à l'abri son mobilier, ses chevaux, son équipage. Dans les répartitions, à l'aide de créanciers fictifs on ramène à soi les trois quarts des sommes à répartir. Je sais qu'en vertu de l'article 1167, vous pouvez attaquer ces actes ; mais la mauvaise foi n'est que trop habile, et la bonne foi ne l'est pas assez. Cependant, on rencontre des débiteurs maladroits, et des créanciers qui ne le sont pas. En outre, les hommes ne sont pas toujours d'accord entre eux. La mésintelligence de vos débiteurs et de leurs adhérents vous sert quelquefois à souhait. Appliquez-vous à prouver l'insolvabilité des prête-noms. Étendez vos investigations jusqu'aux moindres circonstances qui peuvent vous aider à constater la collusion.

L'art de faire annuler les actes passés en fraude de vos droits, est une grande partie de l'art de se faire payer de ses débiteurs.

# II

## Du serment.

L'article 1358 vient à votre secours pour faire reconnaître vos droits. Il vous donne la faculté de déférer le serment. Ce moyen est efficace même en Normandie. Tous les hommes ne sont pas assez intrépides pour lever la main contre leur conscience. Je puis vous assurer que ce n'est pas là le genre d'intrépidité des colons. Je vous signale leur côté faible.

Appelez à serment ces acquéreurs de paille, ces signataires de contre-lettres, qui, les uns par intérêt, les autres par légèreté, se constituent les soutiens, les complices de la mauvaise foi.

# III



**Des privilèges qui s'étendent sur les meubles et immeubles.**

Ce sont les créances énoncées à l'article 2101, à la tête desquelles figurent les frais de justice.

Cela coule de source, Messieurs les officiers ministériels. C'est vous qui faites payer les autres ; c'est vous qui devez être payés les premiers. Mais convenez ( je suis loin, bien loin de m'adresser à vous tous ), convenez que vous usez largement de votre privilège.

Vous envahissez la totalité des produits des ventes

judiciaires ; et vos frais vont même au-delà. Dans les successions , c'est vous , quelquefois, qui héritez ; et les véritables héritiers ont à ajouter au montant de la succession. Ils ont bien un dividende ; mais ce n'est pas un dividende à toucher, c'est un dividende à débourser. Vous voudriez, je crois, dévorer tous les biens des débiteurs et des créanciers. On dirait que ces biens vous appartiennent. Ayez un peu de pudeur. Prenez pitié des malheureux débiteurs ; prenez pitié de vos clients.

Et vous, Messieurs les Juges taxateurs, dans le contrôle de leurs états de frais, oubliez les relations sociales qu'ils se sont créées avec vous, oubliez que vous avez dîné chez eux !

Vous êtes aussi compris parmi les privilégiés, marchands tailleurs, marchands bottiers, marchands chapeliers qui nous accordez du crédit avec tant de facilité. C'est grâce à vous que l'homme du monde conserve dans ses disgrâces cette tenue dont il a besoin pour se relever.

# IV

**Du rang que les hypothèques ont entre elles.**

L'hypothèque n'a de rang que du jour de l'inscription prise par le créancier sur le registre du conservateur. Hâtez-vous donc.

Que j'aime à vous voir prendre, en vertu d'un jugement, inscription sur une belle et bonne propriété vierge de toute hypothèque ! Vous êtes là sur la terre-ferme. C'est le beau idéal de l'art.

Le soir, en rentrant chez vous, parmi les papiers

que vous tirez de votre poche et que vous déposez sur le marbre de votre commode, vous reconnaissez avec satisfaction votre bordereau d'inscription. Vous vous couchez, et vous vous endormez du sommeil du juste.

# V

## De la prescription.

Voyez le titre xx du code civil, que l'on n'appelle plus code Napoléon, je ne sais pourquoi.

Un des points les plus essentiels de l'art, est d'interrompre le cours des différentes prescriptions. Ne vous endormez donc pas sur elles.

Honnêtes industriels qui nous habillez, qui nous chaussez, qui nous coiffez, votre action se prescrit par six mois, à moins d'un compte arrêté, d'une obligation ou d'une citation en justice.

Dans un chapitre sommaire où je ne fais entrer aucune espèce de créanciers, je trouve une place pour vous. Quel acte de prédilection, je dirai même de partialité !

Il est bon que vous sachiez que vous pouvez aussi déférer le serment à ceux qui vous opposent la prescription. Encore une marque d'intérêt de la part du législateur ! Le mien vous suivra partout.

# TITRE II.



CODE DE COMMERCE.

—

## I

### Des faillites, etc.

ARTICLE 437. — *Tout commerçant qui cesse ses paiements est en état de faillite.*

Mais on ne met pas en faillite tous les commerçants qui cessent leurs paiements.

. Vos débiteurs vous assiègent pour vous demander du temps ; et il est souvent de votre intérêt de leur en accorder, surtout dans le commerce, à cause de ses éventualités. Que de fois votre débiteur n'est qu'engorgé ! Facilitez-vous, tous tant que vous êtes, le passage du pont de la Bérézina. D'ailleurs, serait-il dans une mauvaise position, la fortune change. Depuis que nous avons vu Louis XVIII remonter sur le trône de ses pères, et Napoléon revenir de l'Ile d'Elbe, il faut s'attendre à tous les retours de fortune ; et les retours de fortune sont bien plus fréquents encore dans le commerce qu'en politique.

On sait, en outre, que, dans les faillites, les biens sont souvent sacrifiés ; on sait que l'énormité des frais de justice, cette plaie, cette peste de la société, en absorbe la plus grande partie.

C'est par ces motifs que nous voyons tant de contrats d'atermoiement, tant de renouvellements. Les renouvellements sont dictés par des considérations de la nature la plus délicate. Le crédit est l'âme de l'industrie, et le crédit ressemble à la virginité : le plus léger souffle en ternit l'éclat, en détruit le prestige. Une assignation, un protêt peut renverser l'édifice d'une fortune.

Oui, l'art de se faire payer éclate fréquemment dans l'absence totale des voies judiciaires. Cachez à tout le monde, cachez-vous à vous-même qu'il vous est dû.

Ces principes sont conservateurs, mais ils ont leur application ; car enfin, il vaut mieux un *tiens* que deux *tu l'auras* ; il vaut mieux trente., vingt, dix pour cent que des espérances trompeuses.

Examinez la moralité de vos débiteurs. Rien ne ressemble plus à un honnête homme qu'un fripon. Je m'en rapporte à votre tact.

Examinez leur degré d'industrie. Ceux qui font les capables ne le sont pas toujours. Je m'en rapporte encore à votre tact.

Voyez quel est leur degré d'activité ; et, selon que le bruit de leur marteau vous réveillera tard ou de bonne heure, accordez-leur plus ou moins facilement des délais.

Enfin, voyez le degré d'ordre et d'économie qu'ils possèdent. A l'égard de ceux qui en manquent soyez sans quartier. Ayez pour eux cette tendre sollicitude qui porte les créanciers à alléger leurs débiteurs du poids de la gestion de leurs affaires.

L'examen des qualités morales de vos débiteurs vous présente ce que l'art a de plus relevé.

Soyez sévère non-seulement dans votre intérêt, mais

encore dans l'intérêt de la société. Si l'indulgence, si la mollesse n'étaient pas poussées aussi loin, la mauvaise foi ne serait pas aussi audacieuse.

## II

### De la banqueroute frauduleuse.

L'article 793 détermine les cas de banqueroute frau-
duleuse. Mais que de banqueroutes frauduleuses se
trouvent transformées en faillite, grâce à l'habileté des
débiteurs qui savent les préparer de longue main ;
grâce à la faiblesse des créanciers, à l'indulgence
coupable des syndics, à l'ignorance des commis-
saires !

Il faut convenir que, sous ce rapport, il se passe des
choses bien plus merveilleuses encore aux États-Unis
qu'en France. On y mesure l'importance de la fortune

d'un négociant sur le nombre des faillites qu'il a faites.

Une des fraudes les plus communes, dans le commerce, c'est de reconnaître à sa femme une dot qu'on n'a pas reçue.

Quand j'achetais, à Paris, de l'expérience, un négociant connu qui méditait sa faillite (soulignez le mot faillite), surpassant ce que l'usure a de plus effronté, eut l'audace de me faire proposer de lui souscrire pour quatre-vingt-dix mille francs de billets, moyennant neuf mille francs comptant. Ce déboursé n'était pas sans quelque importance, mais les quatre-vingt-dix mille francs de billets que je lui aurais souscrits (ah! le bon billet qu'a La Châtre) auraient figuré dans sa faillite pour valeurs réelles.

J'ai cru devoir mettre au jour une particularité qui pourrait vous être utile.

Lorsque votre sagacité ou le hasard vous feront découvrir une fraude de votre débiteur, songez qu'en bonne morale l'avantage de cette découverte appartient à la masse des créanciers. Je vous défends de vous l'appliquer à vous seul, par un arrangement pris à leur insu, et à leur préjudice ; je vous le défends par un dogme exprès.

# TITRE III.

## DE LA CONTRAINTE PAR CORPS EN MATIÈRE DE COMMERCE.

—

### I

#### De la loi du 17 avril 1832.

Tout individu qui souscrit une lettre de change, quelle que soit sa profession, prend la qualité de négociant. *A M. Dumond, colonel de cavalerie, négociant,* portait en suscription, une assignation qu'avait reçue un de mes amis qui commandait un régiment de dragons.

Article 6 de la loi. — « La contrainte par corps en « matière de commerce ne pourra être prononcée « contre les débiteurs qui auront commencé leur « soixante-dixième année. »

Le vicomte d'Argentcourt était à Paris, sur un véritable champ de bataille. Il n'arrivait chez ses amis qu'à travers quarante ou cinquante prises de corps. Enfin, il a atteint sa soixante-dixième année, et n'a plus aucun danger à courir. Il a constamment, dans sa poche, son acte de naissance, et la loi sur la contrainte par corps ; et salue ses créanciers d'un air railleur.

Il est évident que ce ne sont pas des vieillards de ce caractère qu'a voulu protéger la loi.

La loi du 17 avril diffère principalement de celle du 15 germinal an VI, en ce que la durée de la détention est graduée.

Article 5. — « L'emprisonnement pour dettes com-« merciales cessera de plein droit, après un an, lorsque « le montant de la condamnation principale ne s'élè-« vera pas à cinq cents francs. »

« Après deux ans lorsqu'il ne s'élèvera pas à mille « francs. »

« Après trois ans lorsqu'il ne s'élèvera pas à trois « mille francs. »

« Après quatre ans lorsqu'il ne s'élèvera pas à cinq
« mille francs. »

« Après cinq ans lorsqu'il sera de cinq mille francs
« et au-dessus. »

On a déclaré ce dernier paragraphe complice de la
mauvaise foi.

Je dois dix millions, disait le premier débiteur de
l'Europe, le héros de la dette, *Lux Dardaniæ,* celui
qui a été détenu cinq ans sous l'Empire, cinq ans
sous la Restauration ; je dois dix millions ; en faisant
mes cinq ans, je gagne deux millions par an. Indi-
quez-moi une plus belle spéculation ? Mais tous les débiteurs ne sont pas aussi fortement trempés que lui,
et, d'ailleurs, ne peuvent pas atteindre à un chiffre de
dettes aussi élevé que le sien.

Le législateur a fixé la durée de l'épreuve d'après
la trempe de la majorité, et non d'après celle d'une
minorité endurcie.

Les débiteurs qui font leurs cinq ans avec les moyens
de payer, sont en très-petit nombre.

C'est une erreur accréditée de croire qu'un créancier qui n'a pas concouru à la détention de son débiteur, qui ne l'a pas recommandé (c'est le mot), peut
lui faire recommencer ses cinq ans. J'ai gagné, en

combattant cette erreur, j'ai gagné même contre des légistes, plus de vingt paris qui, par parenthèse, ne m'ont pas été payés.

Voici le texte de la loi :

« Le débiteur qui aura obtenu son élargissement
« de plein droit, après l'expiration des délais fixés par
« les articles 5, 7, 13 et 17 de la présente loi, ne pour-
« ra plus être détenu ou arrêté pour dettes contrac-
« tées antérieurement à son arrestation, et échues au
« moment de son élargissement, à moins que ces det-
« tes n'entraînent par leur nature et leur quotité une
« contrainte plus longue que celle qu'il aura subie, et
« qui, dans ce dernier cas, lui sera toujours comptée
« pour la durée de la nouvelle incarcération. »

Est-ce clair, est-ce positif? Messieurs les parieurs. Conviendrez-vous, au moins, que vous avez perdu ?

Quelques années avant la publication de la loi du 17 avril, un débiteur rêvant, dans les corridors de sa prison, à Toulouse, aux moyens d'obtenir son élargissement, fut tout-à-coup frappé d'un trait de lumière. Quelle est la loi, dit-il, qui a fixé la quotité des aliments? C'est celle du 15 germinal an VI : elle accorde au détenu vingt francs par mois, c'est-à-dire

vingt francs par chaque période de trente jours, plus,
les cinq jours complémentaires, conformément au calendrier républicain. Le calendrier grégorien a bien
été remis en vigueur, mais ce changement peut-il
avoir modifié en rien les dispositions de la loi? Peut-
il avoir autorisé la moindre suppression dans la consignation des aliments? Cependant, depuis deux ans
que je suis ici, je n'ai touché que douze fois vingt
francs par an. Où est le montant des cinq jours complémentaires? Le trente-un du mois je n'ai pas dîné :
je n'ai pas dîné pendant cinq jours de l'année. J'ai
manqué d'aliments, ou Barême est faux. En consé-
quence de ce raisonnement, il attaque son créancier.
Il perd en première instance; gagne en cour royale.
Il est élargi. Voyez le génie des débiteurs.

C'est en présence de ce fait, et des suites qu'il a
eues, qu'a été rédigé l'article ci-après de la loi des 16
et 17 avril :

« La somme destinée aux aliments sera de trente
« francs, à Paris, *pour chaque période de trente*
« *jours,* etc. »

Article 31. — « Le débiteur élargi faute de consi-
« gnation d'aliments, ne pourra plus être incarcéré
« pour la même dette. »

Vous mettez un homme en prison, et vous l'y laissez mourir de faim ! Oh ! la loi ne pouvait pas vous
passer celle-là.

# II

**De l'article 25 de l'arrêté du 18 décembre 1832, qui continue à accorder au créancier, dans les colonies, la faculté de mettre opposition au départ du débiteur.**

C'est une espèce de contrainte par corps. Cette disposition est à la fois absurde et barbare. Elle empêche un homme de se rendre en France, à l'effet d'y rétablir sa santé et ses affaires. Laissez partir votre débiteur pour la France. D'ailleurs, n'êtes-vous pas sûr de le revoir ? Malgré la betterave et l'insalubrité du climat ; malgré des ouragans dont les effets sont terribles ; malgré des tremblements de terre qui dateront dans les annales du monde, un charme indéfinissable, un charme irrésistible ramène toujours dans les Antilles ceux qui les ont quittées.

# TITRE IV.

CODE DE PROCÉDURE.

~

## I

### Des jugements par défaut.

Votre débiteur n'a rien, vous n'en devez pas moins obtenir un jugement; car, d'un moment à l'autre, il peut posséder, et vous devez être en mesure d'agir immédiatement, lorsqu'il y aura lieu d'agir. Mais un jugement par défaut qui n'est pas exécuté dans les six mois, est réputé non-avenu. Un simple acquiesce-

ment de votre débiteur, ou un procès-verbal de ca-
rence de votre huissier, et vous voilà en règle; votre
jugement est définitif.

# II

## De l'article 438.

« *L'opposition faite à l'instant de l'exécution d'un jugement par défaut arrétera l'exécution, etc.* »

C'est un dernier avis pour le débiteur. L'on met ses meubles hors, ou l'on part pour Bruxelles.

Il connaissait bien mal cette disposition, celui qui, ayant aperçu son débiteur entre les mains du garde du commerce qui venait de l'arrêter, en vertu d'un jugement par défaut, s'était éloigné en disant : *l'oi-*

2*

*seau est en cage.* L'autre s'était fait conduire en référé où le juge l'avait relâché. Le créancier le rencontre dans la journée : « Ah ! vous avez payé, puisque vous voilà. — Cela est vrai, répond sur-le-champ le débiteur, en embrassant son erreur avec une présence d'esprit admirable ; cela est vrai. Aussi, m'avez-vous arraché jusqu'à mon dernier centime ; vous m'avez réduit à un état vraiment déplorable, et cela n'est pas bien. » Il prononça ces derniers mots avec une feinte colère. « Mais si un billet de 500 francs pouvait vous être agréable, dit le créancier un peu effrayé. — Cela n'est pas de refus. » Le débiteur rendit les 500 francs le lendemain : ce n'était de sa part qu'une plaisanterie.

# III



## Des saisies-arrêts ou oppositions.

La loi du 8 nivose an VI déclare insaisissables les inscriptions au Grand-Livre de la dette et leurs arrérages.

Celle du 25 vendémiaire an XII déclare également insaisissables les actions de la Banque de France et leurs dividendes.

Ainsi, Messieurs les débiteurs palperont à votre barbe leurs arrérages; à votre barbe, ils palperont leurs dividendes.

C'est fort commode.

Ces dispositions législatives ont pu être adoptées

dans l'intérêt du crédit public, mais non pas dans le vôtre, assurément.

J'en ai toujours été vivement contrarié pour vous, car j'ai toujours fait avec vous cause commune. Vous et moi *ce m'est tout un*, comme dit l'ex-canonnier à cheval.

Je connais des localités où l'on ne retient que le cinquième *des appointements* des employés du Gouvernement, quelle qu'en soit la quotité. La retenue est proportionnelle. On saisit jusqu'à concurrence du cinquième sur les premiers mille francs, du quart sur les cinq mille francs suivants, du tiers sur la partie excédant six mille francs. (Loi du 21 ventôse an ix, décret du 13 août 1807.)

Je tenais à mettre sous vos yeux ces dispositions. La classe des employés du Gouvernement est une classe importante de la société, et qui renferme aussi des débiteurs, quoique le Gouvernement ne plaisante que tout juste avec eux.

Vous gagnerez, quelquefois, à agir administrativement. J'ai vu, par décision administrative, retenir l'intégralité du traitement. C'est de l'arbitraire, me direz-vous. J'en conviens; mais c'est de l'arbitraire dans l'intérêt de la morale.

Toutefois, envers les agents de l'autorité, n'employez qu'avec beaucoup de circonspection les voies judiciaires ou administratives. Craignez de nuire à leur avancement, de leur faire perdre leurs places.

Voyez quelles sont leurs chances de succès; voyez si, à défaut de capacité, ils n'ont pas des protections qui leur en tiennent lieu; et si, parmi leurs protecteurs, ils ne compteraient pas, par hasard, des députés.

La saisie-arrêt est l'action judiciaire la plus rapide. Un seul acte d'opposition et le tiers-détenteur de la somme ne peut plus s'en dessaisir. Mais c'est ce tiers détenteur qu'il n'est pas toujours facile de connaître. Les meubles et immeubles éclatent à la vue, et c'est ce qui donnent du crédit à ceux qui empruntent; mais ce qui fait l'objet de la saisie-arrêt réclame votre esprit d'investigation.

Cherchez des fonds à vos débiteurs jusque dans les Iles Marquises.

Quand vous découvrez une somme clandestinement placée sous leurs noms, vous vous sentez plus heureux que Christophe Colomb découvrant le Nouveau-Monde. L'aspect de votre opposition fait sur eux l'effet de la tête de Méduse, et la morale triomphe à son tour.

Dans quelles transes se trouve un débiteur, porteur d'un mandat sur le Trésor royal, lorsqu'il se présente à la caisse, et que le caissier lui dit : « Veuillez faire viser votre mandat au bureau des oppositions ! »

N'abusez pas de la saisie-arrêt. Ne faites pas comme ce prêteur sur gages qui saisit judiciairement chez l'horloger la montre de son débiteur. C'est vraiment ignoble ; ne vous ravalez pas jusque-là.

# IV

## De l'expropriation forcée dans les colonies.

Ne vous flattez pas trop de voir résoudre entière-ment en votre faveur la question relative à l'expro-priation forcée dans les colonies. La Commission chargée de l'examiner, et les Chambres qui sont là pour la discuter et la décider, sont composés d'hommes sages, d'hommes éclairés qui savent que les colonies ne peuvent vivre que de privilèges et d'exceptions.

# TITRE V.

## DE LA MANIÈRE D'ASSURER L'EXÉCUTION DE LA LOI.

—

## I

### Choix d'un avoué ou d'un agréé du commerce.

N'êtes-vous pas étonné de la rapidité avec laquelle je vous ai fait parcourir les différents codes? Je n'ai fait qu'effleurer la matière; nous n'avons fait ensemble qu'un simulacre de cours de droit. Ce n'est pas que je sois à court de connaissances judiciaires, mais devais-je vous enfoncer dans un dédale de lois, devais-je vous entretenir de biens paraphernaux, de contrats synallagmatiques ou bilatéraux, de contrats aléatoires, d'antichrèse, etc.?

Adressez-vous à MM. les avoués pour tout ce grimoire, pour tout ce qui est litigieux, et tâchez d'en trouver un qui ait inscrit sur la porte de son étude : *Mieux vaut un mauvais accommodement qu'un bon procès.* Mais si je me décharge sur les avoués d'une immense et fastidieuse besogne, je ne cède à personne le soin de vous enseigner la manière d'exécuter la loi ; et à commencer par eux, quand vous ne les prendrez que comme agents d'exécution, choisissez les plus probes et les plus actifs.

# II

## Choix d'un huissier.

Je vous préviens qu'il y en a qui prennent des deux mains. Ils reçoivent pour saisir ; ils reçoivent pour ne pas saisir. Que votre choix n'aille pas tomber sur ceux-là. Il n'en manque pas d'autres sur la probité desquels vous pouvez compter.

## III


### Des ventes judiciaires.


Dans les ventes judiciaires, vos débiteurs placent
des agents qui intimident les enchérisseurs, qui en-
lèvent à vil prix, et en quelque sorte l'épée à la main,
l'adjudication des objets. De votre côté, placez-y des
hommes fermes pour combattre l'influence de ces
fiers-à-bras. Ne craignez pas de rendre la vente ora-

geusc. Faites-en, s'il le faut, une arène. Guerre à la fraude! guerre ouverte! Prenez garde, cependant, que les objets ne soient poussés trop haut et ne restent à votre charge.

# IV

## Choix d'un garde du commerce.

Il est des débiteurs qui ne paient que lorsqu'on les arrête. Semblables à ces citoyens ennemis de la conscription qui ne se trouvent sur le chemin de la gloire que conduits par la gendarmerie, ils ne se trouvent sur le chemin de l'exactitude que conduits par les gardes du commerce.

Quelques-uns parmi ces derniers, s'engagent envers les débiteurs à ne jamais les trouver, et à les prévenir aussitôt que le dossier passera en d'autres mains.

Huissiers et gardes du commerce, j'ai gravé, en lettres d'or, sur le portique de cet édifice, l'utilité de votre profession ; j'ai dû également en signaler les abus !

Au reste, parmi les gardes du commerce comme parmi les huissiers, il y a de fort honnêtes gens.

Je prends la liberté de vous recommander Ancelain. Il joint à une droiture à toute épreuve, une habileté rare.

Les débiteurs se lèvent fort tard, c'est presque toujours au lit qu'on les arrête. Comme leur tactique est de découcher, il les fait suivre pour savoir où ils couchent. Il lui importe de ne pas convoquer, en pure perte, les superbes satellites de la justice. Un de ses éclaireurs lui annonce que l'homme qu'il suivait depuis le matin, vient d'entrer à l'Opéra. Par quelle porte sortira-t-il ? D'ailleurs, comment le reconnaître dans la foule ? C'est Duprez qui chante. Que l'on garde, dit-il, la porte des acteurs, il pourrait bien sortir par cette porte ; et n'en pas sortir seul. Aux sommes énormes que doit, sur le pavé de Paris, le débiteur pourchassé,

il a jugé qu'il devait fréquenter les coulisses. En effet,
ce sont les loges des actrices qui ont enfanté les plus
gros débiteurs.

Voici un dossier que je viens de retirer des mains
d'un de vos confrères, lui dit un créancier. Mon débiteur déjeune demain, à onze heures, chez Tortoni. —
Et où vous trouverai-je après l'avoir arrêté, car j'ai
pour système de transmettre au créancier les propositions faites par le débiteur dans le trouble de l'arrestation, pour peu qu'elles soient sortables? Seriez-
vous assez bon pour vous promener sur le boulevart,
du côté du café de Paris? Le lendemain, entre midi et
une heure, il conduisait à Clichy, dans le même fiacre,
le débiteur et le créancier. Depuis peu de jours,
il se trouvait porteur d'un dossier contre ce dernier.

Il a arrêté, dans la même journée, le tireur, l'ac-
cepteur et l'endosseur.

L'huissier des plaideurs n'était rien à côté de lui.

Il a arrêté huit généraux, six députés ; il a arrêté
trois princes d'Allemagne, dont deux en carrosse ; il
a arrêté trois grands de Danemarck, deux grands de
Norvège, deux princes russes, cinq lords anglais, un
prince italien. Toutes les nations, jusqu'aux Enfants
du Soleil, se trouvent représentées sur la liste des

personnages qu'il a entreposés; car il a conduit à Clichy un prince péruvien.

Il a fait de ce lieu de nantissement, non pas précisément un hôtel dans le genre de celui de Rambouillet, mais enfin, une réunion de ce que la société a de plus relevé.

En des temps débonnaires, on a vu des débiteurs se dérober, dans leur domicile même, aux regards de l'huissier qui s'y était introduit pour les arrêter ; mais lui, rien n'échappe à sa vue, il sent son lièvre. Il a saisi des souscripteurs de lettres de change jusque dans leur armoire; il en a saisi jusque dans leur cheminée.

Certes, voilà de beaux états de service, des états de service où la colonne des coups d'éclat se trouve prodigieusement fournie.

Je propose de lui élever une colonne où seront inscrits les noms des généraux qu'il a faits prisonniers.

Je propose de lui ériger une statue au Palais-de-Justice, dans un des coins de la salle des Pas-Perdus ; ou plutôt à la porte du tribunal de commerce. Il y sera représenté tenant à la main la loi des 16 et 17 avril, sur la contrainte par corps, et prononçant ces mots : *elle n'aura pas été rendue en vain.*

On pourrait choisir entre ces deux propositions ou lés adopter l'une et l'autre.

Depuis deux ans je n'ai plus reçu de ses nouvelles, sur ces bords lointains. Comment se porte-t-il ? Je désire vivement qu'il continue à jouir d'une bonne santé.

V

**De la détention.**

Votre débiteur est-il du petit nombre de ceux qui font leurs cinq ans avec les moyens de payer? Avant leur expiration, levez son écrou, vous le tiendrez toujours sous le coup de la contrainte. Mais il a prévu la mesure que vous méditez, et il s'est fait recommander par un de ses amis ou même par son domestique ; cela s'est vu. Tâchez de le devancer.

Un débiteur est détenu à la fois par plusieurs créanciers dont vous faites partie. Mais par négligence vous ne vous occupez pas de la consignation des aliments. Qu'arrive-t-il? Il négocie à votre insu , avec ceux qui ont soin de les consigner, son manque d'aliments , et il est mis en liberté.

A votre grand étonnement, vous le rencontrez dans la rue ; il vous rit au nez ; et rappelez-vous qu'aux termes de l'article 31 de la loi des 16 et 17 avril, vous ne pouvez plus le faire incarcérer pour la même dette.

Évitez ces effets comiques et ces conséquences.

C'est par période de trente jours , et d'avance , que se paie la pension alimentaire. C'est donc le trentième jour qu'elle doit être déposée. C'est à neuf heures du soir. Au premier coup de neuf heures, à l'horloge du greffe de la prison, elle arrive trop tard ; et le commis-greffier tient la plume pour expédier le certificat libérateur. Que l'on se représente, le détenu qui a négocié son manque d'aliments, et qui , le jour où il doit en manquer, attend au greffe, entre huit et neuf heures du soir, le son de sa délivrance. Quelle anxiété est la sienne ! car on n'a pu révéler aux parties intéressées, le secret de sa négociation. Si quelqu'un frappe à la porte, c'est un créancier avisé. Chaque coup de marteau retentit jusqu'au fond de son cœur.

> Chaque instant de sa vie, empoisonnant son cours,
> Abrège au moins d'un an le reste de ses jours.

Vous ne serez peut-être pas fâchés de connaître un autre moyen que les détenus emploient pour manquer d'aliments.

Et où allez-vous donc comme ça, si vite, dit à un clerc d'huissier, un individu qui s'est faufilé auprès de lui, depuis peu, et qui ne le quitte pas. — Je vais porter au greffe de Clichy un mois de pension. C'est aujourd'hui le trentième jour. — Vous avez jusqu'à neuf heures, nous aurions le temps de dîner. C'est moi qui suis l'amphytrion. — Un bon français ne refuse jamais une invitation. Le repas se prolonge, le vin est bon, mais il est capiteux, c'est du Saint-Georges. A la seconde bouteille il est déjà huit heures et demie ; à la troisième neuf heures ont sonné ; et le lendemain, le détenu et le clerc d'huissier sortent, l'un de Clichy, l'autre de son étude.

Il ne vous est pas difficile de deviner que cette espèce

d'amphytrion n'est autre chose qu'un agent secret du détenu.

Les détenus de la rue de la Clef, n° 14, obtenaient, sans de très grandes difficultés, la permission de se faire transférer dans une maison de santé. On s'en absentait à la dérobée pour aller au spectacle.

Le créancier et le débiteur incarcérés, ont peut-être vu jouer Talma à côté l'un de l'autre.

Le marquis de *** avait eu d'abord l'intention de faire les démarches nécessaires pour aller dans une maison de santé. Mais il changea d'idée, forma le projet de s'évader, et l'exécuta de la manière suivante. Ce qui le distinguait particulièrement dans le monde, c'était des favoris et des moustaches qui dominaient outre-mesure les traits de son visage. Il recevait quelquefois, au greffe de la prison, la visite d'un baron de ses amis dont je ne me rappelle pas le nom. Ce baron était de sa corpulence, il avait ses traits, mais sa figure différait essentiellement de la sienne, en ce qu'il n'avait ni moustaches ni favoris. Ils se concertent tous deux, ils conviennent de tous leurs faits. Le marquis, sous je ne sais quel prétexte, ne se montre plus dans la prison qu'affublé d'un vaste manteau et d'une casquette à large visière. Son allure se perd sous cet accoutrement. Sous cet accoutrement son visage paraît à peine. Le marquis n'est plus, aux yeux des guichetiers, qu'un manteau, une casquette, des favoris et des moustaches. Un beau matin, il s'enferme dans sa chambre, rase ses favoris et ses moustaches, et s'habilla de noir. Cette toilette achevée, il met des favoris et des moustaches postiches, et se recouvre de 'son manteau et de sa casquette. C'est dans ce double costume qu'il attend la visite du baron. Ce fidèle coopérateur arrive à point nommé. Son habillement est absolument semblable à celui que cache le marquis sous son manteau, et cette fois, en entrant dans la prison, il tient à la main un rouleau de papier qui va, tout-à-l'heure, contribuer à donner le change à la surveillance. Le marquis est appelé au greffe, il s'y rend, et nous touchons au dénouement. Voyez-vous nos deux acteurs sous l'apparence d'une conversation des plus graves, des plus animées, épier le moment d'agir ? On dirait que c'est machinalement qu'ils s'approchent d'un certain recoin favorable à l'exécution de leur projet.

Tout-à-coup avec la promptitude, avec l'habileté d'un grand comédien, le héros de la pièce se dépouille de tout ce qui le caractérise aux yeux des gardiens,

de tout ce qui masque sa ressemblance avec le baron !
Il saisit le chapeau de son noble affidé, le pose sur sa
tête, prend en mains le rouleau de papiers, et sosie
parfait du baron, franchissant avec assurance tout ce
qui conduit au lieu de sortie. (*Le cordon s'il vous plaît.*)
On tire le cordon, la porte s'ouvre, et voilà notre pri-
sonnier pour dettes dans la rue de la Clef, fuyant le
n° 14 avec une précipitation que tempère toutefois la
crainte d'éveiller l'attention publique. Laissons le baron
que nous pouvons maintenant appeler le baron
sans chapeau, se débrouiller avec le concierge qui se
trouve responsable du montant des sommes pour
lesquelles le marquis est écroué et recommandé. Féli-
citons ses créanciers incarcérateurs d'avoir changé de
débiteur, de posséder présentement la garantie du
concierge au lieu de celle de M. le marquis. Recon-
naissons dans la défroque de celui-ci, qui appartient
de droit et tout entière au concierge, un nouveau
monument du génie des débiteurs incarcérés ; et qu'à
l'avenir, relativement aux évasions, les concierges se
tiennent sur leurs gardes, non-seulement dans leur
intérêt, mais encore dans l'intérêt des créanciers, car
ces derniers gagneront-ils toujours à échanger la garantie du détenu contre celle du concierge.

Indépendamment de ce qui est relatif à mon sujet, que de choses n'a-t-on pas vues dans les prisons pour dettes !

On y a vu, à l'aide de créances achetées sous main, l'industriel détenu par un rival d'industrie ; le candidat à la députation par son compétiteur ; le mari par sa femme ; le père par un fils dénaturé. Mais, pour distraire le lecteur des impressions de ce lugubre tableau, on y a vu aussi un étudiant en droit qui s'était fait écrouer par un de ses amis, pour rançonner sa famille. Ce débiteur, et ce créancier fictifs, cette incarcération de convention, offre un sujet de comédie qui serait le pendant des Étourdis d'Andrieux, mais qui, du reste, ne serait plus dans nos mœurs.

Quel local sombre et resserré, que celui de Sainte-Pélagie, disait un débiteur philosophe ; mais quel point lumineux, quel vaste théâtre pour la connaissance des choses et des hommes !

# VI

**Choix des syndics des faillites.**

Savez-vous bien que l'on dit des choses étranges sur le compte des syndics des faillites? Ils ressemblent aux hommes de loi, ce sont des vampires; ils traînent les affaires en longueur pour faire valoir les fonds; ils s'entendent avec les débiteurs; ils simulent des frais pour s'en appliquer le montant; ils se font autoriser à vendre les biens à l'amiable, et ils trafi-

3*

quent de cette autorisation ; ils avancent de quelques
minutes l'heure des ventes ; et, quand les enchérisseurs se présentent, les objets sont déjà adjugés à vil
prix. Ce sont autant d'horreurs, autant d'abomina-
tions auxquelles on ne saurait ajouter foi : la moralité du siècle s'y oppose. Pour moi, je n'en crois pas
un mot. Mais si vous croyez tout ce qu'on vous dit, si
vous avez reçu en partage une dose de crédulité qui
dépasse les bornes, c'est à vous de ne donner qu'avec
beaucoup de circonspection votre voix à la nomina-
tion des syndics.

# SECONDE PARTIE.

———⚬———

## Des moyens de recette autres que les voies judiciaires.

I

**Des voies personnelles.**

Que de portes ouvertes à la mauvaise foi ! Mais, quoi ! vos débiteurs vivront dans l'aisance et dans le luxe, et vous dans la gêne ; vous logerez au cinquième, eux au premier ; vous dînerez à prix fixe, à dix-sept sols, rue de l'Arbre-Sec, et eux chez Véfour ; ils iront aux premières et au balcon, et vous au parterre, si, toutefois, vous avez les moyens d'aller au specta-

cle! Non, non! cet état de choses serait intolérable;
et nous avons des moyens de recette autres que les
voies judiciaires; nous avons de puissants auxiliaires
à la loi.

L'auteur de *l'Art de promener ses créanciers*, homme
de beaucoup d'esprit, d'ailleurs, a aussi publié *l'Art
de faire des dettes*. Ne vous mêlez pas d'avoir des dettes, dit-il, si vous n'avez une taille de cinq pieds tant
de pouces. La taille serait alors un moyen de recette!
Fi donc! Ce serait vous écarter des siècles civilisés,
ce serait remonter aux premiers âges.

> Non , chez nous point ,
> Point de ces coups de poing
> Qui font tant d'honneur à l'Angleterre.

Vous vous trouvez face à face avec votre débiteur. Il
vous doit mille écus; il les a dans sa poche; vous le
savez. Vous l'avez, cette taille de cinq pieds tant de
pouces; vous l'avez, sans compter la forme du chapeau; lui n'est qu'un pygmée. Eh bien! ce contraste
est la chose du monde la plus insignifiante. Ce que
c'est que la civilisation!

Mais si la civilisation repousse comme moyen de
recette la taille, la force du corps, elle en offre un

autre bien plus efficace, bien plus redoutable. Vous rappelez-vous, dans Gil-Blas, don Rodrigue de Mondragon, ce casseur de raquettes qui s'était rendu le tyran du jeu de paume, à Valladolid, et qui envoyait un cartel au premier qui appelait de ses décisions! Ce sont les individus de ce genre qui se font le mieux payer. Un autre, à leur place, serait obligé d'entamer des poursuites judiciaires, de s'enfoncer dans une affaire litigieuse; eux, par la nature de leur caractère, déterminent le paiement immédiat de ce qui leur est dû: c'est l'épée d'Alexandre qui tranche le nœud gordien.

Toutefois, n'allez pas fonder lourdement l'art de se faire payer sur une boîte de pistolets. Si, pour apprendre à vous faire payer, vous allez au tir de Lepage, votre débiteur pourrait bien être de ceux qui y vont pour apprendre à ne pas payer. Vous seriez dans le cas de vous y rencontrer. Battez-vous pour votre honneur, pour votre honneur battez-vous, battez-vous malgré Dupin; mais ne vous battez pas pour l'argent; au surplus, vous ne vous battriez jamais qu'après avoir été payé; car rien ne saurait être plus contraire à l'art de se faire payer que de s'exposer à se faire tuer par son débiteur.

L'essentiel, en toutes choses, est de bien connaître son monde, de savoir au juste à qui l'on a affaire. Sous le rapport des recettes, la nature serait donc loin de vous avoir favorisé si, en vous douant de l'humeur concluante de don Rodrigue de Mondragon, elle n'avait eu soin de vous départir ce discernement, ce tact si nécessaire pour bien juger de celle de votre débiteur.

Veuillez relire, s'il vous plaît, à cet égard, la fable de Lafontaine intitulée *le Torrent et la Rivière*, livre VIII, fable 23, page 265, édition Walckenaer.

N'oubliez pas, non plus, que le nombre des hommes timides est très-circonscrit en France.

Il y a en France beaucoup de tirs et beaucoup de salles d'armes ; faites-y bien attention.

Quoi qu'il en soit, ne vous servez pas d'expressions trop offensantes. Rayez de votre dictionnaire les mots de drôle, de polisson. Mesurez bien vos termes, laissez le plus souvent agir votre réputation d'homme anti-pacifique. « Monsieur, je suis père de famille ; on « n'aura ma fortune qu'avec ma vie. » Voilà une de ces phrases que vous pouvez hasarder au besoin. Vous retiendrez facilement cet exemple : les créanciers ont de la mémoire.

# II

## De l'importunité.

Par l'importunité, on obtient des places, des faveurs de toute espèce ; par l'importunité, on se fait payer de ses débiteurs.

L'importunité est un des premiers moyens de re-cette.

De l'efficacité de ce moyen sont nés les commis aux recettes.

Il est fondé sur l'amour du repos,

> . . . . . . . Le repos, trésor si précieux ,
> Qu'on en faisait jadis le partage des dieux;

sur l'amour de cette quiétude d'esprit qui est particulièrement le charme des hommes de lettres.

A demi-couché sur mon canapé, je relisais un jour
la *Némésis* sur l'Italie, ce magnifique morceau de poé-
sie, et voilà tout-à-coup qu'un créancier vient m'interrompre dans ma lecture; quelle diversion dés-
agréable! — Je vous présente de nouveau mes civilités
et mon compte. —Veuillez repasser demain ou après-
demain. — Je repasserai demain, après-demain et les
jours suivants. — Vous le prenez sur ce ton? — Oui,
sans doute. — En ce cas, voilà votre argent : c'est
bien, très-bien; continuez, vous ferez des recettes;
c'est moi qui vous le prédis. Il me regarda tout étonné, et, toutefois, se retira fort satisfait de s'être fait
payer. C'est ainsi que je préludais aux leçons que je
devais donner plus tard.

Monsieur ne rentrera qu'à cinq heures. Eh bien!
répond le créancier en tirant de sa poche un énorme
paquet de journaux, il est déjà midi, je l'attendrai. Le
même, dans son ardeur de saisir son débiteur au saut

du lit, a été jusqu'à prendre le clair de lune pour l'aurore.

Vous m'avez enlevé tous mes moyens d'existence, dit un autre; je m'installe en pension chez vous, et je n'en sors plus qu'après avoir été payé.

Un troisième qui, dans une de ces belles et bonnes banqueroutes ornées du nom de faillites, avait perdu le peu qu'il possédait, s'était revêtu du manteau de la misère, et, nouveau Mardochée, avait pris domicile à la porte de l'hôtel du failli, je veux dire de l'hôtel de sa femme.

Soyez inhérents à la personne de vos débiteurs; soyez leur ombre, leur cauchemar.

La présence d'un créancier est un reproche.

Certains débiteurs ne cèdent pas à l'importunité. Mensuellement, hebdomadairement, quotidiennement, vous leur rendez visite. Mensuellement, hebdomadairement, quotidiennement, ils vous payent de mauvaises raisons. Il s'engage alors, entre eux et vous, une lutte de ténacité dans laquelle la victoire leur reste souvent.

L'importunité est surtout efficace sur les hommes en place. La considération est aux fonctionnaires ce que le crédit est aux négociants. Rien ne déconsidère comme d'avoir des dettes ; rien ne les met à découvert comme l'importunité.

Quand vous aurez été huit ou dix fois chez un débiteur sans le trouver, je vous autorise à l'accoster dans la rue.

Abordez l'inférieur avec le supérieur, le supérieur avec l'inférieur.

Abordez l'homme du monde avec l'homme du monde, l'amant avec sa maîtresse.

L'effet de l'importunité s'étend même au-delà du paiement de la créance. Il m'est arrivé d'éviter, dans la rue, un créancier que j'avais déjà payé.

# III

## Des considérations mondaines.

Les considérations mondaines ont une grande influence, surtout en France.

Les grands doivent plus souvent aux petits que les petits aux grands, et les grands se font payer bien plus facilement des petits que les petits des grands.

On ne prête qu'aux riches, dit-on. On pourrait ajouter qu'on ne rembourse que les riches.

On tient à conserver des relations sociales avec de

grands personnages , et on leur paie avec empressement de fortes sommes, tandis que, pour des sommes minimes, on fait souffrir un malheureux artisan. Voilà l'homme.

Dans l'état d'opulence dont vous jouissez, prévoyezvous un revers? Hâtez-vous d'effectuer vos recouvrements, car ils vous deviendront plus difficiles au fur et à mesure qu'ils vous seront plus nécessaires.

Les grands se paient entre eux. Louis XVIII paya à M^me de Staël les deux millions qui lui étaient dus par le Gouvernement. Je confonds ces deux noms : une aussi haute célébrité que M^me de Staël ne marche-t-elle pas de pair avec le pouvoir?

On paie les dettes de jeu avec plus d'exactitude que les autres; mais ne serait-ce pas parce qu'elles ont été contractées au sein d'un cercle brillant, et ne devrait-on pas les appeler plutôt des dettes d'amour-propre que des dettes d'honneur?

Pendant un hiver à Paris, je fis mes recettes en parcourant le grand monde. Je m'informais des sociétés que fréquentaient mes débiteurs, et je leur apparaissais, dans ces sociétés, comme un grave inconvénient pour leur amour-propre.

En présence de l'un d'eux, j'eus, un soir, à dessein,

une assez longue conversation avec un ministre célèbre dont j'avais été le camarade de collège. Je mis à
profit cette circonstance : le lendemain, mon débiteur
avait sa quittance.

Moyen fort agréable, moyen·brillant, moyen tout
nouveau de faire des recettes, que de courir les bals
et les soirées.

Jadis, les créanciers et les débiteurs se trouvaient
aux deux extrémités de la société. Aujourd'hui que
l'industriel y occupe un des premiers rangs, c'est une
cause de plus d'exactitude dans les paiements.

Si votre débiteur est placé dans une sphère sociale
à laquelle vous ne puissiez pas atteindre, tàchez de
transporter votre créance à une personne de son
rang.

Transportez-la aussi à un homme tellement au-
dessous de lui, qu'un pareil créancier lui fasse
honte.

Ainsi vous éleverez et abaisserez tour-à-tour vos
créances avec un égal succès.

Placez votre créance entre les mains de la beauté.
Je veux qu'il soit dit que je vous ai appris même à
magnétiser vos débiteurs; et, dans le fait, le véritable
magnétisme est celui que je vous indique.

Votre débiteur est-il ministériel? transportez votre titre à un député de l'opposition.

Toutefois, ne rendez pas trop vos créances l'instrument des passions des hommes.

# IV

**Traits détachés.**

Pour vous faire payer d'un mari jaloux, allez fréquemment en recette chez lui pendant son absence.

A un administrateur délicat qui tarde à vous payer, demandez des faveurs qui tiennent à l'exercice de ses fonctions.

A certains hommes puissants, je vous conseillerais bien de ne rien demander de ce qu'ils vous doivent, afin d'obtenir d'eux, en faveurs et en privilèges, beaucoup plus qu'il ne vous est dû; mais n'agrandissons, dans aucun cas, l'art aux dépens de la moralité.

Un créancier parvient à pénétrer jusque dans le cabinet du célèbre Fox, à Paris. Il entre au moment où ce dernier achevait de compter une somme considérable qui se trouvait étalée sur la table, en espèces. — J'espère, Monsieur, que vous ne direz pas, cette fois, que vous n'avez pas d'argent. — Oh! mon Dieu! cette fois plus que jamais je vous tiendrai ce langage. Cette somme ne m'appartient plus : je l'ai perdue au jeu, et vous savez que les dettes de jeu sont sacrées. — Et en quoi le sont-elles plus que la mienne? Voudriez-vous me l'expliquer? — La chose est simple : vous avez un titre, et la personne qui a exposé cette nuit son argent contre moi, n'en a point. — Eh bien! dit-il après avoir tiré son billet de sa poche et l'avoir déchiré avec une extrême vivacité, je n'en ai plus, et j'ai sur mon concurrent la priorité. — Payez-vous sur cette somme! lui dit froidement l'envoyé d'Angleterre en jetant sur lui un regard observateur. Ce créancier avait deviné l'ame de Fox, et méritait une mention honorable par sa présence d'esprit. Ce trait est connu, mais il appartient à mon sujet.

Un puriste, surnommé Diphthongue, m'avait fait un billet ainsi conçu : « J'ai reçu de M. Alphonse Tron-« chin deux cents francs que je lui rendrai dans « six mois, ou *plutôt* si je le puis. » Dix-huit mois après l'échéance, ayant mis ce billet sous ses yeux pour lui en faire remarquer la date, je lui fis observer, en même temps, qu'il avait fait une faute ; qu'au lieu de *plus tôt* avec un *s*, synonyme de *plus vite*, il avait écrit *plutôt* sans *s*, qui signifie *de préférence* ; que mon observation était sans doute minutieuse, mais que je ne connaissais pas de plus belle chose que la pureté de la langue. Le lendemain il s'était rendu propriétaire de sa faute d'orthographe.

Vous l'avez vu au chapitre des conventions à l'égard des tiers, et au chapitre des oppositions ; vous le voyez par celui-ci : d'une part, s'il faut fouiller jusqu'au fin fond des affaires de vos débiteurs, de l'autre, il faut pénétrer jusque dans les replis les plus cachés de leurs cœurs.

## V

**De la tenue des créanciers.**

Avez-vous remarqué, depuis la Révolution de Juillet, l'attitude des créanciers ? Ils ont grandi de trois pieds ; ils sont grands comme les héros d'Homère, grands comme les Romains du grand Corneille. N'avez-vous pas été frappés, parmi les caricatures du malin et piquant *Charivari*, de la pose respective du créancier et du débiteur.

Ah ! que M. Dimanche a vieilli !

Il y a cependant encore de ces créanciers encroûtés qui n'abordent leurs débiteurs qu'en tremblant , qui ont l'air de leur demander l'aumône. Mais songez donc que ce n'est pas vous qui devez à vos débiteurs, que ce sont vos débiteurs qui vous doivent. Ayez un peu plus le sentiment de vos droits.

Vous avez la bêtise de prendre la pose de votre débiteur ; il jette sur vous le grappin et s'empare de la vôtre. Les rôles sont intervertis. Vous avez ramené en plein l'ancien régime. Ayez sous les yeux la caricature du *Charivari* pour y étudier votre attitude ; ou bien, si vous n'en voulez pas faire la dépense, je vais vous l'envoyer immédiatement, à mes frais.

Méfiez-vous de ces débiteurs qui viennent vous aborder avec un air empressé , avec un air mielleux. Ils ont des intentions hostiles. Tenez-vous droit ; grandissez-vous.

N'acceptez jamais aucune invitation de vos débiteurs.

J'ai rencontré souvent dans de grands dîners, des individus dont les manières empruntées cadraient fort mal avec celles des autres convives : c'étaient, pour la plupart, des créanciers que l'on amadouait en flattant leur vanité, et qui, plus tard, payaient fort cher l'honneur de l'invitation qu'on leur avait faite.

Vous vivez bien isolé, disais-je à un Européen nouvellement arrivé à la Guadeloupe. — Je ne fréquente personne, par la raison que je suis chargé de poursuivre tout le monde.

Par la tenue on fait croire, dans le monde, à bien des qualités qu'on ne possède pas. A votre tenue, vos débiteurs vous supposeront une énergie qui sera quelquefois bien loin de vous.

La tenue épargne l'emploi des voies judiciaires et des autres moyens de recette.

Elle a une grande portée chez un créancier muni d'une contrainte par corps, ou qui brille dans la partie des voies personnelles. Jette-t-il sur son débiteur un regard sérieux, un regard sévère? C'est comme s'il lui disait: si vous ne me payez pas, je vous ferai changer de logement, ou bien je mettrai votre honneur en jeu. Le débiteur devient tout-à-coup rêveur, et tombe dans une disposition d'esprit mélancolique, qui tourne toujours au profit du créancier.

# TROISIÈME PARTIE.

## De l'application des divers moyens de recettes.

# I

**De la base principale de leur juste application.**

L'art de se faire payer est fondé en général sur la
connaissance des lois, de la manière de les exécuter,
et sur la connaissance des hommes ; mais il est particulièrement fondé sur la connaissance approfondie des
affaires de ses débiteurs , des garanties morales qu'ils
peuvent offrir, et du caractère de chacun d'eux. Un
créancier doit connaître son débiteur sous tous les
rapports ; il doit le savoir par cœur. C'est la base prin-

cipale de la juste application des différents moyens de recette. C'est la partie viscérale de l'art. Un général d'armée qui veut livrer bataille doit avant tout étudier le terrain.

L'on accorde quelquefois du crédit inconsidérément ; mais il est alors à remarquer que le moment où l'on vient de se dessaisir de son argent ou de sa marchandise devient le moment de la réflexion. Profitez de cette disposition d'esprit pour examiner vos débiteurs. Soyez fixés sur leur compte avant l'échéance, et soyez fixés sur tous les points : à l'échéance, vous n'en opérerez qu'avec plus de précision.

Mais ce n'est pas tout ; vous devez suivre leur avenir, puisque leur avenir vous appartient. Ayez l'œil sur tout ce qui peut leur échoir, sur tout ce qui peut leur advenir. Tenez-vous au courant de toutes leurs affaires. Ne les perdez pas de vue un seul instant.

Votre débiteur a-t-il disparu ? Passez au Ministère de la marine et des colonies pour avoir sur lui des renseignements. Il y a gros à parier qu'il est dans les colonies. C'est la patrie adoptive, c'est le champ d'asyle des débiteurs.

Quand on craint de faire connaître ses affaires, quand on craint d'être connu, il ne faut pas devoir.

## II

**Des chargés de recouvrements.**

Ce n'est plus guère que par dérision que l'on emploie les dénominations de marquis, de baron, de chevalier. Les créanciers ne se laissent donc plus intimider par les titres de noblesse. Le célèbre Ancelain l'a d'ailleurs prouvé en faisant de Clichy l'hôtel de la noblesse. Mais les créanciers sont soumis à d'autres considérations : sur la place de la Basse-Terre, un négociant colon n'osait poursuivre certaines notabilités commerciales. Que fit-il? Sur cette même place, il mit en faillite, avec éclat, deux ou trois petits marchands. Ces exemples produisirent leur effet, et les notabilités effrayées ne tardèrent pas à s'exécuter. L'empereur lui-même jugeait quelquefois à propos d'agir sur les grands dans la personne des petits.

J'ai fait voir le génie des débiteurs; il est juste que je fasse voir aussi que les créanciers ne sont pas des imbécilles.

Ce qui vous manque quelquefois, c'est le nerf. Les renouvellements sont quelquefois enfants de la faiblesse. Vous n'avez pas la force d'exécuter la loi dans sa rigueur.

D'un autre côté, il n'est pas donné à tout le monde, même en France, d'être d'une humeur belliqueuse.

Il est moins encore donné à tout le monde, en France, d'être de nature à se constituer l'ombre de son débiteur.

Il existe, heureusement pour vous, des hommes qui ont compris votre position, et qui, ayant reçu de la nature les dons qui vous manquent, font métier, les uns de leur nerf judiciaire, les autres de leur ardeur guerrière, d'autres encore de leur tenacité ; et forment trois classes de chargés de recouvrements bien distinctes.

Nous sommes dans le siècle des entreprises. Ne pourrait-on pas, pour la commodité des créanciers, créer à Paris *une agence générale des recettes,* où ils auraient, sous la main, tous les genres de chargés de recouvrements dont ils auraient besoin, et qui serait, si j'ose m'exprimer ainsi, un dépôt, un magasin de tous les genres d'énergie.

Cette agence serait ainsi divisée : première division, *des voies judiciaires;* deuxième division, *des voies personnelles;* troisième division, *de l'importunité.*

Apercevez-vous, dans la formation de ces différents bureaux, les nuances de la physionomie de leur personnel ? La première division serait composée de ces espèces de légistes, teint jaune, cravates blanches, habits noirs usés. La seconde offrirait une réunion de beaux hommes : figures martiales, tournures militaires, barbes à la jeune France. La troisième serait une collection de figures hétéroclites, de figures effroyables, enfin de ces physiques heureux pour opérer des recettes. On aurait soin d'y mettre les plus mauvaises paies : ce sont ceux qui montrent le plus de ténacité pour se faire payer.

Je connais le type, le modèle des chargés de recouvrements. Il a fait son droit ; il dit avoir servi dans

l'armée d'Afrique. Il porte le ruban de la Légion-
d'Honneur. Ce n'est pas comme moyen de recette ;
et je suis bien sûr qu'il a le droit de le porter, quoi qu'en
disent ses débiteurs. Il passe pour avoir eu des ren-
contres fâcheuses pour ses adversaires, et je n'en
doute pas non plus. Il fréquente les tirs , porte
moustaches, éperons et talons ferrés, et fume des
cigares d'une longueur excessive. Il est la terreur des
débiteurs. Quand il se met à leurs trousses, il ne les
quitte pas ; il fait, pour ainsi dire, corps avec eux. Il
réunit, à lui seul, les qualités des différents chargés
de recouvrements. Il serait indistinctement chef de
division dans les trois divisions de l'agence des recettes ;
tôt ou tard il en deviendrait le directeur. Il a fait disparaître des livres des négociants des noms qui, sans lui,
s'y seraient immortalisés. Il a donné de la valeur à
des billets qui n'étaient plus considérés que comme
du papier timbré gâté. Ce n'est pas lui qui dîne à
17 sous , rue de l'Arbre-Sec ; ce sont ses débiteurs.

Il a recouvré des sommes immenses ; il a fait des
recouvrements importants, même dans les colonies.

Je suis couvert de malédictions dans tous les pays
où je vais, me disait-il à son passage à la Guadeloupe ; je suis un juif, un turc, un arabe : cela est de

règle, puisque je me fais payer. Si je ne savais pas me faire payer, je serais un excellent homme. La peste soit de la dénomination !

Il est le premier des créanciers, comme celui que je n'ai pas nommé au chapitre de la contrainte par corps, est le premier des débiteurs. Mais l'autre est bien plus riche que lui : c'est que l'art de promener ses créanciers est bien plus facile que l'art de se faire payer de ses débiteurs.

Aussi, le premier des créanciers a-t-il cent fois plus de mérite que le premier des débiteurs. Toutefois, il me semble (je ne sais si c'est un caprice de mon imagination), il me semble qu'il y a chez ce dernier quelque chose de plus brillant.

Si le style bouffon n'était pas passé de mode, je comparerais volontiers l'un à Turenne, l'autre au grand Condé.

## III


### Des illusions et de la mauvaise humeur des créanciers.


Les illusions et la mauvaise humeur des créanciers contribuent beaucoup à remplir les encans de marchandises et les prisons pour dettes de détenus ; contribuent beaucoup à enrichir les hommes de loi.

Je sais qu'il y a de grands comédiens parmi les débiteurs ; qu'il ne faut s'en laisser imposer ni par leurs jérémiades, ni par leurs habits râpés. Que quelquefois vous les croyez tout-à-fait dénués de ressources, tandis qu'ils sont loin d'en manquer ; mais le plus souvent vous leur en supposez qu'ils n'ont pas.

Le défaut des créanciers est de s'exagérer les moyens des débiteurs, de s'imaginer qu'ils ont de l'argent caché.

Quand un créancier s'agite contre un débiteur qui n'a rien, je crois voir Don Quichotte combattant les ailes de moulins à vent.

Ne comptez pas trop, quand vous faites incarcérer vos débiteurs, sur leurs parents, sur leurs amis.

Cependant, sous ce point de vue, vous ne serez pas constamment dépourvus de chances de succès.

L'amitié, les liens du sang ne sont pas toujours des chimères.

On rencontre des hommes qui ne paient pas pour eux et qui paient pour leurs amis ou pour leurs parents

A l'égard des jeunes gens, ne comptez plus sur les familles. Elles ont perdu cette indulgence qui les caractérisait autrefois. Un jeune homme entre à Clichy, et il y reste. On lui laisse faire là un cours d'adversité, cours infiniment utile pour la jeunesse, infiniment économique pour les parents.

Mais c'est plus encore votre mauvaise humeur que vos illusions que vous avez à combattre.

Rien n'est plus contraire à notre fortune que notre humeur, dit un moraliste. La mauvaise humeur des créanciers rentre dans le domaine de cette maxime.

Pour le plaisir d'humilier vos débiteurs, vous exposez à l'encan, et à vos frais, jusqu'aux portraits de leurs grands oncles et de leurs grand'tantes.

Vous payez les frais de leur arrestation et de leur détention uniquement pour le plaisir de les tenir en prison.

*Aut œre, aut cute,* disaient les Latins : de sa bourse ou de sa personne. C'est surtout celui qui n'aura été incarcéré que par l'effet de votre mauvaise humeur qui s'attachera à ne pas payer de l'une et de l'autre. Vous pouviez vous en faire un débiteur reconnaissant, actif à vous rembourser, vous vous en êtes fait un ennemi juré.

Rien ne saurait vous arrêter. Vos débiteurs vous offrent toutes les garanties morales désirables ; vous le reconnaissez. Vous reconnaissez qu'il est essentiellement de votre intérêt de temporiser avec eux ; n'importe, vous agissez, vous tuez leur crédit, vous étouffez leur industrie, vous vous ôtez vous-même toutes chances d'être payés.

C'est l'amour de l'argent, le désappointement de n'en avoir pas touché à l'échéance qui vous fait perdre la tête.

Vous ne savez pas plus transiger qu'attendre. — Tout ou rien, dit la mauvaise humeur ; quelque chose plutôt que rien, répond la raison.

Soyez donc de sang-froid. Prenez exemple sur ces joueurs intrépides qui perdent sans sourciller. Les affaires aussi sont souvent un jeu.

On voit des créanciers prêter de fortes sommes à leurs débiteurs pour les empêcher de faire faillite. Je n'ai pas besoin de vous dire avec quelle circonspection vous devez user de ce moyen de recette ; mais je veux vous faire sentir par là jusqu'à quel point vos intérêts peuvent être liés à ceux de vos débiteurs ; jusqu'à quel point vous devez vous identifier avec leur position, et, par conséquent, dompter votre mauvaise humeur.

Ne dénigrez jamais vos débiteurs.

N'imitez pas ce marchand de cachemires qui fait insérer dans les *Petites Affiches* : « A vendre, un ta-
« bleau qui a rapporté quatre mille francs à l'auteur

« et qui ne lui a coûté qu'un trait de plume. » On vient, on croit voir un dessin fait par un de ces artistes qui dessinent à la plume. C'est une lettre de change de quatre mille francs qui n'a pas été payée à l'échéance et qui est encadrée. Après avoir donné une semblable publicité à l'inexactitude de votre débiteur, comment voulez-vous qu'il ait assez de crédit pour pouvoir vous payer ?

Faites valoir vos débiteurs, depuis les plus petits jusqu'aux plus grands.

Vantez leur industrie, applaudissez leurs pièces, remplissez le parterre d'admirateurs, pourvu qu'il ne vous en coûte rien ; prônez leur patriotisme ; élevez jusqu'aux nues leur capacité administrative.

Et qui sait si, parmi tous ces hommes de talent qui sont parvenus au Ministère, quelques uns n'y ont pas été portés par la voix de leurs créanciers ? Il se passe des choses étranges !

Avec quelle chaleur, dans la question des sucres, le commerce des ports de France a fait valoir l'importance des colonies ! C'est que cette importance est réelle ; c'est qu'aussi les colonies devaient au commerce des ports.

Que n'ai-je une armée de créanciers! Ils feraient le succès de mon ouvrage.

Oui, les débiteurs ont raison de dire que nos créanciers sont autant d'amis dont rien n'égale la sollicitude : oui, sans doute; mais ils ont tort d'ajouter que ce sont des amis qu'il faut conserver. C'est là qu'est l'impertinence. C'est une plaisanterie du plus mauvais ton.

La qualité de créancier n'exclut pas la générosité. Montrez-vous magnanime avec un débiteur malheureux. Ah! vous trouverez alors dans le sentiment de votre bienfait un paiement que ne vous donnerait jamais tout l'or du monde!

Ne laissez pas échapper l'occasion d'orner d'un beau trait l'histoire de votre vie.

# IV

**Maximes et observations importantes.**

En général, c'est bien plus dans son effet moral que dans son exécution, et surtout son exécution la plus rigoureuse, que réside le bénéfice de la loi.

L'effet moral de la loi va jusqu'à faire trouver de l'argent quand on n'en a point.

C'est principalement à l'égard de ceux qui offrent des garanties morales que l'on s'appuie sur son effet moral. On en tient l'exécution suspendue sur leurs têtes, comme l'épée de Damoclès ; on ne leur en laisse

que la peur, pour activer, pour développer leur industrie. Cela explique pourquoi il y a si peu de négociants
à Clichy. C'est qu'ils offrent d'autres garanties que
tous ces faiseurs, que tous ces tripoteurs d'affaires
que l'on y rencontre. Que l'on cesse donc de produire
comme argument contre l'utilité de la contrainte par
corps, en matière de commerce, l'absence presque
totale de commerçants dans les prisons pour dettes.
La loi sur la contrainte n'agit sur eux que moralement, mais elle n'en agit pas, pour cela, avec moins
d'efficacité. On ne voit que l'effet officiel, que l'effet
public de la loi. Il faut aussi en reconnaître l'effet
occulte.

La loi moissonne à l'échéance; après l'échéance, elle
ne fait plus que glaner.

La fausse application des voies judiciaires paralyse
l'effet des autres moyens de recette, en ce qu'elle ôte
tout crédit au débiteur.

Que ne puis-je faire disparaître, ou du moins con-
sidérablement diminuer cette vaste multitude de dos-
siers qui ne retournent jamais aux débiteurs, et qui
pourrissent, en partie, dans les études des hommes
de loi, en nantissement de frais qui leur sont dus et
qui ne leur seront jamais payés !

La fausse application des moyens de recette autres que les voies judiciaires peut vous être également très-préjudiciable. Des débiteurs ont disparu, par suite des importunités dont ils étaient inutilement l'objet; ils ont disparu tout-à-fait; on n'en a plus entendu parler.

Le moyen de recette le plus efficace entre les mains d'un créancier inhabile, est souvent comme une arme tranchante entre les mains d'un enfant.

Sachez temporiser, mais agissez sans délai quand il faut agir. Qu'attendez-vous? Que vos débiteurs aient eu le temps de mettre leurs biens à l'abri, ou d'augmenter le nombre de leurs créanciers, le nombre de vos concurrents? D'ailleurs, c'est quand la créance a toute sa verdeur que le créancier a toute son énergie. Le mauvais vouloir de votre débiteur s'accroît de votre temporisation. A la longue, il considère ce qu'il vous doit comme sa propriété; il regarde sa dette comme prescrite moralement.

C'est sans doute dans ce sens que l'on dit qu'il ne faut pas laisser vieillir les créances.

Que votre état d'aisance ou de gêne ne vous fasse pas temporiser ou agir mal à propos.

La quintessence de l'art est d'être à propos, dans

l'emploi des divers moyens de recette, le Bonaparte des créanciers, d'en être à propos le Fabius Cunctator, ou plutôt le Wellington, puisque la jeune France est fatiguée de puiser ses exemples dans l'histoire romaine.

C'est surtout dans les dettes civiles que vous aurez occasion d'en être le Bonaparte; c'est surtout dans les dettes commerciales que vous aurez occasion d'en être le Wellington.

Que ce chapitre soit inscrit tout entier sur votre agenda.

# RÉSUMÉ.

# RÉSUMÉ.

L'art de se faire payer exige une réunion remarquable de qualités. Il faut de la pénétration, et ce n'est pas ce qui manque au créancier. Lafontaine joint à l'œil du maître l'œil de l'amant; moi, je joins à l'œil de l'amant, l'œil du créancier. Il faut du tact, beaucoup de tact; et le tact ne s'acquiert pas. Il faut plus d'un genre d'énergie, et l'énergie ne s'acquiert pas plus que le tact. A défaut de nerf, vous avez bien recours, si vous voulez, aux chargés de recouvrements, dont l'organisation va sans doute avoir lieu, conformément à mon projet. Mais le moins qu'il vous en coûte, c'est une forte prime qu'ils retiennent; et il en est qui gardent le tout. Ils font des recettes au nom de la morale, et ils la trahissent indignement; cent fois plus coupables que ceux qui doivent et ne paient pas. Mettre sa créance entre les mains d'un chargé de recouvrements, est, d'ailleurs, un acte de virilité dont certains créanciers sont incapables; ils craindraient d'afficher la volonté ferme d'être payés. Il faut du sang-froid, de la patience, et une grande patience. Mais il faut, par-dessus tout, de la vigilance. La vigilance est l'ame des recettes. *Vigilantibus non dormientibus jura succurrunt : C'est à celui qui veille et non à celui qui dort que les droits profitent.*

Aussi, le frontispice de mon livre vous présente-t-il, au-dessous de cet aphorisme du droit romain, de cet aphorisme vital dont j'ai fait mon épigraphe, le coq, symbole de la vigilance.

Ce sont là vos emblêmes. C'étaient les emblêmes de Jules César; ce sont ceux de la France. Que voulez-vous de plus?

Ce n'est pas trop quelquefois de toutes les qualités, de tous les mobiles réunis pour arracher votre argent

de la poche de votre débiteur. L'argent! l'argent! Ah!
l'argent!

Je ris, quand j'entends un créancier dire, d'un ton
impératif : *Je veux que l'on me paie.* Ah! *vous voulez.*
Vous pouviez dire : *je veux*, avant d'avoir prêté. Vous
pouviez dire: *je veux ne pas prêter.* Mais, à présent, ce
n'est plus vous qui possédez, ce sont vos débiteurs.

L'argent à recouvrer est de l'argent à gagner.

Il est souvent plus facile de faire une seconde fortune que de se faire payer.

Un créancier qui parvient, sans le secours de personne, à se faire payer de tous ses débiteurs, est
presque un grand homme.

Avez-vous les qualités voulues? votre débiteur est
dépourvu de ressources. Votre débiteur a-t-il des ressources ? Vous êtes dépourvu des qualités voulues.

L'art de se faire payer est le plus difficile, le plus
ingrat de tous les arts.

Beaucoup d'appelés et peu d'élus; c'est le cas de le
dire.

Quel registre monstre que celui qui contiendrait,
non pas à partir de François Ier, ce serait remonter
trop haut, mais seulement depuis Louis XIV jusqu'à
nos jours, les noms de tous ceux qui sont morts sans

avoir payé. Que de comtes, que de barons, que de marquis y figureraient! Ce serait une espèce d'almanach de la noblesse qui a aussi son hôtel. On y verrait peu de républicains. Donnons, en passant, un petit coup d'encensoir à ce parti.

Quant à moi, si, après avoir organisé les moyens de recettes déjà connus, j'en ai créé de nouveaux ; si j'ai analysé, disséqué, avec un scalpel, j'ose le dire, assez habile, l'ame des débiteurs ; si, sur la matière que j'ai choisie, j'ai lancé un globe lumineux ; si j'ai facilité, augmenté, multiplié les recettes ; si, en portant le dernier coup à la classe des débiteurs, j'ai achevé de réhabiliter celle des créanciers, par cet écrit à la fois utile et moral, je crois avoir bien mérité du siècle.

# NOTES DE L'ÉDITEUR.

*Page 6 , ligne 8.*

« Qu'ont dictée à la fois le cœur et la reconnaissance. »

L'auteur a été l'objet d'un vote pécuniaire du Con-
seil colonial, dans sa séance du 20 décembre 1839.

*Page 7, ligne 1ᵣₑ.*

« *On se faisait autrefois un jeu* de devoir. »

L'introduction commençait par le morceau qui suit,
que j'ai cru devoir supprimer, n'en déplaise à l'auteur. Lui qui parle si souvent de tact, n'en a guère
fait preuve, ce me semble, dans certaines plaisante-

ries que contient ce morceau. D'ailleurs, l'introduction eût été beaucoup trop longue et tout-à-fait hors de proportion avec l'étendue de l'ouvrage. Tout doit être proportionné dans un monument, si toutefois monument il y a.

« Les nations doivent aux nations; elles doivent aux particuliers qui, de leur côté, leur doivent. Mais les particuliers se doivent surtout entre eux. De nation à nation, l'art de se faire payer s'élève jusqu'à l'art de la diplomatie, et trop souvent, hélas! jusqu'à l'art de la guerre; et, sous ce point de vue, on pourrait dire que la France a eu dans Talleyrand et dans le général Bonaparte deux fameux commis aux recettes. Le dey d'Alger, dans ses réclamations pécuniaires, aurait dû s'en tenir à l'art de la diplomatie et n'en point venir à l'art de la guerre. M. Jackson a manqué de commettre la même faute que lui, relativement aux vingt-cinq millions que nous devions aux États-Unis.

« En ce qui concerne les dettes contractées par le Gouvernement envers les particuliers, il faut convenir qu'il ne les a jamais aussi ponctuellement payées. Il y a, il est vrai, des formalités à remplir pour en obtenir le paiement. Mais il n'en faut pas plus pour les fortes sommes que pour les petites. Vous jetez les hauts cris contre ces formalités, créanciers de l'État, et tous les jours, par la voie de vos représentants, vous attaquez, et vous contrôlez minutieusement le compte-rendu de ses dépenses. Vous cherchez à le prendre en défaut; et vous vous plaignez qu'il cherche à se mettre en règle !

« Quant à ce qui est dû par les particuliers au Gouvernement, il n'a pas besoin de leçons pour se faire payer. Toutefois, il est juste de dire qu'il use de générosité envers les débiteurs malheureux.

« Ce n'est qu'aux particuliers créanciers des particuliers, que j'entreprends de tracer des règles. »

# TABLE DES MATIÈRES.



## PREMIÈRE PARTIE.

### DES VOIES JUDICIAIRES.

#### TITRE I.

#### *Code civil.*

### TITRE II.

## *Code de commerce.*



### TITRE III.

## *De la contrainte par corps en matière de commerce.*



### TITRE IV.

## *Code de procédure.*



### TITRE V.

## *De la manière d'assurer l'exécution de la loi.*

# SECONDE PARTIE.

*Des moyens de recette autres que les voies judiciaires.*



# TROISIÈME PARTIE.

*De l'application des divers moyens de recette.*



FIN DE LA TABLE DES MATIÈRES.